LE DROIT
DU
ROI D. CARLOS VII
AU TRONE D'ESPAGNE

Par J. Bourgeois

BAYONNE
IMPRIMERIE E. LASSERRE, RUE ORBE, 20

1875

LE DROIT

DU

ROI D. CARLOS VII

AU TRONE D'ESPAGNE

I.

LA TRADITION ESPAGNOLE

Les journaux qui ont toujours été alphonsistes, et les feuilles républicaines converties à l'alphonsisme par les mérites de Primo de Rivera et de Martinez-Campos, présentent le fils d'Isabelle comme le roi légitime d'Espagne. Ce n'est pas la volonté souveraine du peuple qu'on invoque en faveur « d'Alphonse XII, » mais le droit héréditaire. Il est même plaisant de voir avec quelle dévotion des républicains, des plébiscitaires, des défenseurs attitrés de la souveraineté du peuple, nous parlent aujourd'hui des prétendus droits de Don Alphonse.

Les monarchistes ne peuvent se laisser prendre à ce légitimisme complaisant. Si le fils d'Isabelle avait pour lui la légitimité, il ne serait pas soutenu par les révolutionnaires de toutes provenances, de toutes catégories, qui se groupent en ce moment autour de lui. Leur concours ne lui est acquis précisément que parce que Don Alphonse, comme sa mère, ne peut s'asseoir sur le trône d'Espagne qu'au prix d'une usurpation, c'est-à-dire en portant à la loi fondamentale de la monarchie espagnole une atteinte qui permet de rompre avec toutes les traditions et d'instituer, sous le nom de monarchie, un gouvernement révolutionnaire.

On sait dans quelles circonstances la veuve de Ferdinand VII a réussi à faire monter sa fille sur le trône d'Espagne au détriment de Don Carlos. Les isabellistes ont cherché à légitimer ce coup d'état en affirmant que c'était un retour au vieux droit d'Espagne, aux coutumes en vertu desquelles Isabelle-la-Catholique avait autrefois régné sur la Castille. On a essayé, il y a peu de temps, de rajeunir ces arguments et de justifier, au point de vue du droit, le testament de Ferdinand VII. Une brochure a paru dans ce but en 1873, intitulée : *Don Alphonse ou Don Carlos? étude historico-légale par Placido Maria de Montoliu y de Sarriera, licencié en droit et correspondant de l'Académie royale de Saint-Ferdinand.* Ce pseudonyme, qui semble emprunté à *Gil Blas* ou aux *Aventures de Guzman d'Alfarache*, dissimule, assure-t-on, la collaboration de deux des personnages principaux de l'alphonsisme : M. le duc de Montpensier et M. le duc de Sesto.

Un des hommes les plus éminents du parti royaliste en Espagne, M. le comte del Pinar, aujourd'hui ministre de l'intérieur du roi Charles VII, a répondu à cette brochure par un travail dans lequel, examinant à son tour la question au point de vue de l'histoire et du droit, il réduit à néant les prétentions alphonsistes. Le livre de M. del Pinar est intitulé : *le Droit de Charles VII au trône d'Espagne démontré au point de vue historique et légal.* Il est impossible de mettre dans un jour plus éclatant la question de la légitimité en Espagne, c'est-à-dire le droit réellement incontestable de Don Carlos.

La grande prétention de l'alphonsisme est de renouveler le vieux droit espagnol du Moyen-Age. L'argumentation de la brochure Montoliu relative à ce point peut se résumer en peu de mots. Suivant les auteurs de ce travail, les femmes, depuis Pélage, auraient hérité de la couronne *à défaut* de frères qui succédassent : des femmes sont montées sur le trône de Navarre; en Aragon, à défaut de lois expresses, le droit testamentaire a fait régner des femmes, comme Doña Petronila et Jeanne-la-Folle; enfin, en Castille, dont *la législation* — et c'est une des principales raisons alléguées par les auteurs — *n'a cessé de prévaloir* sur celle d'Aragon, la succession des femmes s'est observée constamment.

Les réponses opposées à ces assertions par M. del Pinar sont nettes et décisives. L'histoire en main, il établit que dans la vieille Espagne les femmes n'ont régné qu'à défaut d'agnats mâles.

Les avocats de l'alphonsisme invoquent à l'appui de leur thèse les exemples, qu'ils donnent comme fort concluants, d'Ormesinde, d'Adosinde pour le royaume de Léon; de Doña Elvire, de Doña Berenguela et d'Isabelle-la-Catholique en Castille; de Doña Petronila en Aragon. La brochure Montoliu insiste d'une manière toute particulière sur le règne de ces princesses, dont elle essaie de tirer une conclusion en faveur des prétendus droits de Doña Isabelle fille de Ferdinand VII. M. le comte del Pinar n'a pas de peine à faire voir que les faits invoqués par les alphonsistes, loin de démontrer que la succession féminine ou cognatique ait été le droit reconnu dans l'Espagne du Moyen-Age, prouvent, au contraire, la haute, la très haute antiquité de la coutume qui déférait la succession à l'agnat mâle le plus rapproché du trône.

Ormesinde en effet, n'a pas été reine par droit de naissance, mais seulement comme épouse de Don Alphonse, qui était pour lors le plus proche agnat de Favila et de Pélage.

Quant à Adosinde, fille d'Alphonse Ier et sœur de Froïla, ce n'est pas elle, mais bien son mari Silo, qui a été élevé au trône. « Jamais, dit avec raison M. del Pinar, « UNE SEULE FEMME n'a hérité de la couronne dans « les royaumes de Castille et de Léon que pour la trans- « mettre à son mari ou à son fils, et SEULEMENT LORS- « QU'IL N'Y AVAIT PAS D'AGNATS MALES dans la famille « royale. »

C'est ainsi que Doña Elvira n'a fait monter sur le trône de Castille son mari, Don Sanche roi de Navarre, que parce qu'il n'existait plus un seul agnat mâle de la maison royale de Castille.

Après la mort de Don Sanche, son fils Ferdinand Ier, qui avait épousé Doña Sancha sœur de Bermudo III roi de Léon, se vit attaqué par son beau-frère. Bermudo ayant été vaincu et tué, Ferdinand devint maître du royaume de Léon à double titre : par droit de conquête, et du chef de sa femme Doña Sancha, *la famille royale de Léon n'étant plus représentée par* AUCUN *agnat mâle.*

L'exemple de Doña Urraca n'est pas plus décisif que les précédents en faveur des prétentions alphonsistes :

Doña Urraca, elle aussi, n'a hérité du trône de Castille que *parce qu'il n'y avait* plus d'agnats mâles de sa famille, ses deux frères, Sancho et Garcia, étant morts sans postérité.

Doña Berenguela, fille aînée du roi de Castille Alphonse VIII, avait épousé Alphonse IX roi de Léon; le mariage fut annulé pour cause de parenté, mais les enfants furent légitimés par le Pape. Après la mort d'Henri Ier, fils d'Alphonse VIII, le trône revenait naturellement à Alphonse IX roi de Léon, le plus proche agnat; mais comme il s'était rendu odieux à la Castille en faisant la guerre à ce royaume, les Cortès réunies à Valladolid passèrent par-dessus lui, et proclamèrent *son fils* roi de Castille. Berenguela, mère du nouveau roi, « n'a « *pas porté la couronne* UN SEUL MOMENT, dit très bien M. le comte del Pinar; « ce n'est donc pas elle qui a hé- « rité de Henri Ier, mais Ferdinand III (le saint), qui est « devenu, par cette espèce d'inhabilisation de son père, « l'agnat le plus prochain d'Henri. »

Le cas de Doña Petronila, en Aragon, est encore plus contraire, s'il est possible, aux prétentions alphonsistes. En Aragon, en effet, la coutume successorale était plus rigide pour les femmes que dans la Castille : « elle les ex- « cluait absolument; de telle sorte que, si, à défaut d'agnats « mâles, le droit à la couronne retombait sur une femme, « *ce n'était pas elle,* MAIS SON FILS qui devait hériter. » Doña Petronila, fille unique du roi Don Ramiro, ne fit pas exception à cette règle : son mari Don Ramon, comte de Barcelonne, ne monta pas sur le trône d'Aragon en vertu des droits qu'il plaît aujourd'hui aux alphonsistes de reconnaître, pour le besoin de leur cause, à Doña Petronila; il y a été appelé par une donation solennelle faite par Don Ramiro, signée de lui et de quinze prélats et grands seigneurs. Petronila n'a été que la femme du roi, Don Ramiro ayant donné sa fille en mariage à l'homme qu'il désignait pour lui succéder.

Ce qui s'est passé en Castille lors de l'avènement de Ferdinand-le-Catholique et d'Isabelle, peut prouver à ceux qui connaîtraient le moins l'histoire de l'ancienne Espagne que l'aptitude des femmes à succéder au trône était loin d'être reconnue dans ce temps, comme on le suppose aujourd'hui en faisant violence à l'histoire.

Si la succession féminine avait été admise en Castille à cette époque, ce n'était pas Doña Isabelle, mais bien sa nièce, Doña Juana, dite *la Bertraneja*, qui aurait dû hériter du trône de Castille. La vérité est que Doña Isabelle n'a pas été reine en vertu de son droit propre, mais comme épouse de l'agnat le plus proche, qui était Ferdinand-le-Catholique. L'assemblée des grands de Castille, réunie à Ségovie, avait formellement reconnu les droits de ce prince.

« *On ne trouvera pas* UN SEUL CAS, disaient ils, *où, existant un prince de la famille royale de Castille et de Léon,* UNE FEMME AIT HÉRITÉ DU TRÔNE. » Ils ajoutèrent qu'ils « ne trouvaient aucune raison pour introduire « une INNOVATION *si pernicieuse* et une exception si « paradoxale à toutes les règles. » Il est vrai que la succession féminine et les droits d'Isabelle avaient aussi leurs partisans; mais on voit que ces prétendus droits étaient loin d'être reconnus de tous. Le mariage n'a eu lieu précisément entre Isabelle et Ferdinand que pour fusionner les deux systèmes et prévenir les contestations qui auraient pu s'élever dans la suite.

Voilà pour les temps antérieurs à l'unification de l'Espagne. Quant à l'autorité que les auteurs prétendent tirer des *Partidas* et du *Fuero real*, qui admettent la succession féminine à défaut d'héritiers masculins du roi, il s'en faut que l'argument soit décisif.

Nul doute que les *Partidas* n'admettent la succession féminine; mais d'abord on est loin de s'accorder sur la force légale de cette loi. Les défenseurs de l'alphonsisme ne l'ignorent sans doute pas, et doivent savoir, comme le leur rappelle M. del Pinar, que les « dispositions des « *Partidas* n'étaient appliquées que dans les cas pour « lesquels on ne trouvait rien d'établi dans les autres « lois. »

En second lieu, l'exemple de ce qui s'est passé pour la succession de Pierre-le-Cruel et d'Henri IV prouve que JAMAIS cette loi n'a été appliquée. Il est donc superflu de s'en occuper davantage. Ce n'est que de nos jours qu'on lui a attribué une portée qu'elle n'a pas eue dans le temps où elle a été édictée.

II

L'Acte de 1713.

Les auteurs de la brochure alphonsiste font remarquer avec raison que Philippe V, arrivé au trône en vertu du testament de Charles II, y était d'ailleurs appelé par les droits qu'il tenait de sa naissance. Ils ajoutent avec non moins de raison que la loi de succession promulguée sous ce prince n'exclut pas absolument les femmes, ce qui est encore vrai. Philippe V n'a pas établi en Espagne la loi salique, comme on le répète d'ordinaire en France. La loi salique fixe, en effet, la succession de mâle en mâle, par ordre de primogéniture, à l'exclusion perpétuelle des femmes et de leur descendance ; la loi de 1713 admet la succession féminine à titre d'exception en diverses hypothèses. On a peine à comprendre, toutefois, ce que veulent dire les auteurs quand ils prétendent tirer de ce fait la conséquence que Philippe V n'est pas une autorité à citer à l'appui de la thèse que la femme ne peut pas régner; la question est de savoir dans quel cas elle peut régner, et si Doña Isabelle se trouvait dans un des cas déterminés par l'acte de 1713.

Aussi la brochure alphonsiste s'efforce-t-elle d'ôter toute valeur à cet acte, qui est vraiment le point capital de la discussion. A en croire les avocats de Doña Isabelle et de Don Alphonse, « le nouveau règlement de 1713
« ne fut autre chose qu'un acte du pouvoir absolu et
« arbitraire de Philippe V, acte accompli sans la parti-
« cipation réelle des Cortès et au mépris du Conseil de
« Castille; l'un et l'autre pouvoir n'ayant été consultés
« que pour la forme et d'une façon dérisoire. En outre,
« les mêmes Cortès, auxquelles on le notifia, firent une
« remontrance respectueuse contre le dit règlement. »

Les défenseurs de l'alphonsisme raisonnent, on le voit, en cette occasion, comme tous ceux dont les prétentions ont été condamnées par une assemblée quelconque, comme les vieux-catholiques, par exemple, à propos des décrets du concile du Vatican : ils contestent la légitimité des décisions de l'assemblée dont les décrets les gênent. Il y a toutefois cette différence entre les vieux-catholiques et les alphonsistes : c'est que les premiers ont nié dès le premier jour l'autorité du concile, tandis que les premières réclamations contre l'acte de 1713 ne se sont produites que cent vingt ans après l'événement.

Jusqu'à l'avènement d'Isabelle, personne en Espagne ou ailleurs n'avait pensé à soutenir que le règlement de 1713 ne fût parfaitement fondé en droit On n'a émis cette opinion que pour défendre le testament de Ferdinand VII et l'usurpation d'Isabelle.

Nous allons voir ce que valent, à tous les points de vue, les objections qu'on prétend élever aujourd'hui contre la loi votée par les Cortès en 1713 sur la proposition de Philippe V.

Ce qui est incontestable en premier lieu, c'est que ce prince était parfaitement en droit d'apporter, de concert avec les représentants de l'Espagne, les modifications qui seraient jugées convenables à la loi successorale. L'incertitude qui avait régné précisément en cette matière jusqu'à son avènement lui faisait un devoir de régler la question d'une manière définitive; il s'agissait, en cette occasion, bien moins des intérêts de sa dynastie que de l'avenir et de la tranquillité de l'Espagne. Les formes nécessaires ont-elles été observées? les cortès ont-elles été consultées sincèrement? leur décision a-t-elle été libre? Voilà précisément la question. La brochure alphonsiste prétend que le « *Règlement nouveau* ne fut rien de plus
« qu'une disposition, un décret d'un roi absolu; » mais c'est ce qu'il faudrait prouver. La brochure se borne à affirmer que le « nouveau règlement fut tout simplement
« notifié aux Cortès, rien de plus, sans avoir été examiné
« ni discuté au préalable en bonne et due forme. » Mais il faut bien dire que les défenseurs de l'alphonsisme ne fournissent aucune preuve sérieuse à l'appui de cette affirmation.

Tout se borne à un commentaire fantaisiste de protocoles, c'est-à-dire à des assertions gratuites, qu'on n'ose produire que parce que les procès-verbaux des délibérations de l'assemblée de 1713 ont été détruits à une époque récente. Les documents qui subsistent encore suffisent néanmoins pour prouver, avec une certitude irrésistible, que les opérations des Cortès de 1713 ont été parfaitement régulières, et que le règlement qui en est résulté est rigoureusement légitime. C'est ce qu'il est facile d'établir.

Jusqu'à l'avénement de Philippe V, ainsi que nous l'avons fait voir, bien que la succession masculine ait généralement prévalu dans les divers royaumes dont la réunion a formé l'Espagne moderne, il n'y avait pas de droit successoral nettement établi. L'historien classique de l'Espagne, Mariana, qui vivait sous Philippe II, avait très bien résumé la situation quand il disait que de son temps il n'existait ni loi ni tradition uniforme sur l'ordre de succession à la couronne; qu'en théorie on invoquait les opinions contradictoires des jurisconsultes, mais qu'en fait on recourait à la force des armes. Il n'en avait pas été de l'Espagne comme de la France, où, dans la suite des siècles, s'était formée, relativement à la succession au trône, une coutume reconnue et acceptée de tous.

Philippe V devait se préoccuper de cette situation; l'intérêt de l'Espagne l'exigeait. Les auteurs de la brochure consacrée à la défense des prétentions alphonsistes s'efforcent d'établir que tout fut irrégulier, illégal, contraire au droit et à la justice, dans la manière dont il procéda. L'étude attentive des faits prouve que c'est là une thèse imaginée par l'esprit de parti.

Ecartons d'abord du débat les motifs qui, suivant le plaidoyer alphonsiste, auraient guidé Philippe V. Que l'acte de 1713 ait été inspiré par les partisans de la politique française ou par le parti national, la question n'a qu'un intérêt historique ; ce qu'il importe uniquement de savoir, c'est jusqu'à quel point les formes légales ont été observées. Juger une loi, une mesure du passé, par les motifs qui y ont donné lieu, est une voie de discussion fausse, captieuse, sophistique ; chaque parti pourrait facilement, en procédant ainsi, contester toutes les lois, toutes les institutions dont le maintien est un obstacle à ses vues et à ses projets.

Le seul point en question, c'est la légitimité même de l'acte de 1713. Philippe V usait d'un droit incontestable en proposant à la nation espagnole de régler le droit successoral. Les auteurs de la brochure avancent qu'en le faisant le roi se parjurait, vu, disent-ils « qu'il avait juré, « en montant sur le trône, de respecter les lois fondamen- « tales et séculaires. » Il n'y a malheureusement rien de vrai dans cette assertion. Voici la formule du serment prêté par Philippe V à son avènement :

« Je jure de garder le domaine et les seigneuries de la « couronne royale de ces royaumes, et de ne pas aliéner « les cités, villes, communes, terres, ni les juridictions, « ni les revenus, ni les impôts, ni les droits qui appar- « tiennent à la couronne et au domaine royal. »

De la loi de succession pas un mot, on le voit, dans cette formule de serment.

La liberté de Philippe V était donc pleine et entière. Le projet relatif à la succession fut soumis d'abord au Conseil d'Etat, qui donna son approbation. Du Conseil d'Etat il fut renvoyé, suivant les formes, au Conseil de Castille. Les membres de ce conseil, c'est ce qui résulte de la brochure alphonsiste elle-même, donnèrent, en ce qui les concernait, un vote favorable, mais furent d'avis que, « pour la légalité et la validité, de même que pour l'ac- « ceptation générale, il était à désirer que la nation, « convoquée dans ses cortès, concourût à l'établissement « de cette loi. » C'est ce qui eut lieu, en effet, comme on va le voir.

Les Cortès avaient été convoquées pour recevoir et approuver la renonciation du roi au trône de France : la réunion eut lieu le 6 octobre 1712 : l'acte de renonciation fut accompli le 5 novembre. Le roi soumit alors aux députés le projet relatif à la loi successorale ; mais les députés rappelèrent la coutume en vertu de laquelle les Cortès ne pouvaient délibérer et prendre de décision que sur les objets pour lesquels ils avaient reçu des pouvoirs spéciaux de leurs commettants, c'est-à-dire sur les questions indiquées dans l'acte même qui convoquait les électeurs.

Philippe V se rendit aux réclamations des Cortès, et, à la date du 9 décembre, il invita les municipalités, villes et cités, à envoyer des pouvoirs à leurs mandataires pour approuver la loi sur la succession au trône.

On voit avec quel soin toutes les formes, tous les principes du droit furent observés en cette occasion. Les révolutionnaires ne se sont pas montrés de nos jours aussi scrupuleux que Philippe V : n'avons-nous pas vu, en 1830 et en d'autres temps, des assemblées élues simplement pour voter le budget et expédier les affaires courantes se transformer en assemblées constituantes et changer la forme du gouvernement, sans songer à demander de nouveaux pouvoirs à leurs électeurs? Autre cause, autre manière de faire. Philippe V était un roi légitime; il ne pouvait se contenter d'une adhésion, telle qu'elle, du peuple espagnol, et encore moins se passer de son concours.

Les Cortès, munies des nouveaux pouvoirs, se réunirent au commencement 1713, et procédèrent, suivant l'usage, à la vérification de leurs pouvoirs. Nous avons dit que les procès-verbaux de cette assemblée n'existent plus; ils ont été enlevés des archives, et détruits, à ce que l'on pense, sous la régence de Christine On en sait assez néanmoins sur les actes de cette assemblée pour reconnaître que tout s'y est passé régulièrement; les auteurs de la brochure alphonsiste en sont réduits pour le contester à des altérations de textes et de dates que relève impitoyablement le travail de M. le comte del Pinar.

Le vote des députés fut émis dans une séance tenue le 10 mai. A défaut des documents authentiques, qui nous manquent, les historiens nous font connaître ce qu'a été ce vote : « La loi de succession de la monarchie, dit un « contemporain, le marquis de San Felipe, fut établie « *avec le consentement* de TOUTES les villes en cortès et « du corps de la noblesse et du clergé... » — «Philippe V, dit le P. Cabrera, « régla par une nouvelle loi, *avec l'approbation des villes du royaume*, la succession à la couronne... » — « Le nouveau projet, dit Sempere dans son *Histoire du Droit espagnol*, « fut appuyé *par le vote « unanime* du conseil et vu par les cortès; *celles-ci demandèrent* qu'il fût sanctionné comme loi fondamentale... » Les renseignements abondent, on le voit; il ne saurait donc y avoir de doute sur le vote des Cortès de 1713.

Quatre jours après ce vote, suivant la loi qui voulait que tout acte de ce genre, pour être valide, fût promulgué devant les Cortès mêmes qui l'avaient voté, le roi notifie solennellement la loi nouvelle à l'assemblée. En voici le préambule, qui prouve surabondamment que toutes les formes ont été régulièrement observées :

« Attendu que justement les Cortès sont réunies en cette
« ville, j'ai ordonné aux cités et aux communes qui ont
« droit de vote aux Cortès qu'elles remissent à leurs
« délégués des pouvoirs suffisants pour délibérer et ar-
« rêter sur ce sujet ce qu'ils jugeraient convenable pour
« la cause publique; attendu que ces pouvoirs ont été
« donnés, que les avis des deux Conseils ont été commu-
« niqués aux Cortès; attendu que celles-ci ont été éclai-
« rées sur la justice et sur l'utilité de ce nouveau règle-
« ment; attendu, en outre, que lesdits députés m'ont
« demandé d'établir, comme loi fondamentale de la suc-
« cession de ces royaumes, le susdit nouveau règlement,
« avec abolition des lois et des coutumes contraires; »
etc.

A moins de supposer dans ce préambule une série de mensonges sur lesquels les mémoires historiques nous auraient infailliblement éclairés, il faut donc reconnaitre que l'acte de 1713 a bien été fait, comme le voulaient les lois et la justice, par le concours du roi et de la nation; qu'il était, en conséquence, parfaitement régulier, et qu'il avait la force d'une loi fondamentale. Aucune des garanties qu'on a le droit d'exiger quand il s'agit d'une mesure de cette importance, n'y fait défaut; il n'y a pas d'acte législatif qui présente plus évidemment le caractère de la légitimité. Il est impossible de le contester sincèrement.

Il nous reste à faire voir qu'aucun acte ultérieur, rendu dans les mêmes formes de droit, ayant par conséquent une valeur égale, n'est survenu pour abroger la loi de 1713. Ce sera la partie la plus facile de notre tâche.

III

La Pragmatique-Sanction de 1789.

Nous avons établi la régularité absolue, la légalité parfaite du règlement édicté en 1713 par Philippe V, et relatif à la succession au trône. Soixante-quatorze ans après, le roi Charles IV prétendit revenir sur la loi de son aïeul et faire prévaloir un règlement nouveau établissant la succession féminine. Quels motifs inspirèrent ce prince en cette occasion, c'est ce que nous ne rechercherons pas. Les auteurs de la brochure supposent des raisons toutes personnelles qui feraient peu d'honneur à la mémoire de ce souverain. Peu importe d'ailleurs, la question n'est pas là ; il s'agit uniquement de savoir si la pragmatique-sanction qui lui est attribuée par les révolutionnaires espagnols est un acte valide de l'autorité compétente en matière de lois fondamentales.

On vient de voir les formes regardées comme indispensables par les légistes espagnols, et rigoureusement observées en 1713 : question posée devant la nation par le roi dans sa lettre aux *ayuntamientos;* pouvoirs spéciaux donnés aux Cortès; délibération indépendante et libre; vote de l'assemblée; sanction du roi; promulgation de la loi devant les Cortès qui l'avaient adoptée. Aucune de ces conditions si scrupuleusement suivies, comme on l'a vu, en 1713, ne fut respectée en 1789; toutes furent méconnues et violées à cette époque où Campomanès et Florida Blanca, ces deux types célèbres de l'alliance de l'absolutisme avec le philosophisme révolutionnaire, présidaient à la décadence de l'Espagne.

Le gouvernement se garda avec le plus grand soin de faire connaître ses projets à la nation ; les Cortès furent convoquées non en vue de délibérer sur une modification à la loi de succession au trône, mais uniquement pour prêter serment au prince des Asturies, don Ferdinand : le fait est constant ; les avocats de l'alphonsisme sont obligés eux-mêmes de le reconnaître L'assemblée réunie, on ne montra pas plus de franchise, et, après le discours d'ouverture prononcé par le roi, dans lequel il n'était fait aucune allusion au but réel de la convocation, le gouverneur du Conseil de Castille se borna à dire aux députés qu'on leur soumettrait « une pragmatique relative à *la loi sur les « successions* et à d'autres points. » Il était impossible évidemment aux députés d'inférer de ces paroles qu'on allait leur proposer de changer la loi qui, depuis 1713, réglait l'ordre de succession au trône.

Mais il y avait un plan arrêté de surprendre les Cortès et de leur arracher un vote sans discussion. Les auteurs de la brochure alphonsiste ne peuvent s'empêcher d'avouer que le gouvernement de Charles IV a manqué de franchise dans cette affaire.

Le 30 septembre, à huit heures du matin, les Cortès s'assemblèrent pour entendre une communication royale. Auparavant les députés furent obligés de s'engager par serment, au mépris de leur devoir le plus essentiel, de ne révéler à personne ce qu'ils allaient entendre, « de n'en « donner connaissance ni *aux villes qui ont voix aux Cortès,* « ni à personne, à qui que ce soit, oralement ou par écrit...» Après ce serment, prêté dans les formes les plus solennelles, sur l'Evangile même, Campomanès fit enfin connaître la proposition royale. Bien que l'assemblée n'eût pas reçu de pouvoirs pour un tel acte, qu'elle fût par conséquent sans mission, on procéda immédiatement au vote. La proposition fut ensuite transcrite, quelques autres affaires furent encore expédiées ; après quoi la séance fut levée : il n'était pas encore midi. Voilà de quelle manière fut adoptée la proposition de Charles IV. Il n'est pas possible d'imaginer une scène plus scandaleuse : les plus simples convenances, les apparences les plus grossières, n'avaient pas même été respectées.

On comprend que Charles IV, effrayé en dernier ressort de toutes les illégalités commises pour avoir une réponse des Cortès favorable à ses désirs, n'ait plus osé donner suite à ses projets et ait considéré le vote des Cortès comme non avenu. C'est ce qui eut lieu, en effet. Il répondit aux députés « qu'il ordonnerait ultérieurement à son conseil « d'expédier la pragmatique-sanction en tenant compte et « de la pétition et des avis qu'il se réservait de prendre. » En attendant, « il insistait sur la nécessité de continuer à « garder le plus grand secret sur ce qui avait fait l'objet « de la discussion des Cortès. » On n'alla pas plus loin. Les Cortès furent dissoutes le 5 novembre, et les auteurs de la brochure alphonsiste sont obligés de reconnaître que « la « forme solennelle de la promulgation manqua à la loi de « succession. »

Charles IV, revenu à d'autres idées, songeait si peu à la promulguer, que treize ans après, en 1805, il donnait une consécration nouvelle à la loi de 1713, en la faisant insérer dans un nouveau recueil de lois, tandis qu'il persistait à garder le silence sur ce qui s'était fait en 1789.

Le roi semblait même attacher si peu de valeur à la « *pétition* » des Cortès qu'il la laissa s'égarer. M. le comte del Pinar en donne une preuve bien curieuse : « Je ne sais « pas, disait quelques années plus tard le ministre Ceva-

« llos, par quelle fatalité le cahier de ces Cortès disparut
« des archives ; *ce qui est certain, c'est que je l'ai acquis
« d'un marchand de vieux livres*, et que je l'ai remis au
« prince de la Paix, pour qu'il le plaçât où il convenait. »
Ainsi le titre principal, unique, sur lequel on prétend établir la légitimité d'Isabelle et de don Alphonse, n'est pas seulement entaché d'un vice d'origine qui le rend absolument nul ; il ne présente encore aucun caractère d'authenticité ; on n'est pas même sûr d'avoir la pièce originale : tout repose sur la parole du « *marchand de vieux livres.* »

Les événements récents sont présents à toutes les mémoires. On se souvient qu'en 1830, Ferdinand VII, dominé par sa dernière femme et par les « libéraux », se crut en droit de sanctionner et de promulguer l'acte, resté en projet, de 1789. Cette promulgation tardive, venue quarante ans après l'événement, est une illégalité de plus ajoutée à tant d'autres. La loi fondée sur la coutume séculaire de l'Espagne exigeait que sanction et promulgation fussent données devant les Cortès mêmes qui avaient voté la loi ; c'est ce qui n'a pas eu lieu.

Quand bien même d'ailleurs toutes les formes auraient été rigoureusement observées en 1789, la prétendue Pragmatique de Charles IV ne préjudicierait en rien aux droits de Don Carlos. Pas plus qu'aucune autre loi, elle ne saurait avoir d'effet rétroactif et s'appliquer aux princes qui étaient déjà nés avant que la modification nouvelle eût été introduite dans la loi de succession. Or, c'est le cas pour Charles V, né avant 1789, c'est-à-dire avant la pragmatique-sanction, si l'on veut même la considérer — ce qui serait absurde — comme ayant eu force de loi dès cette époque.

Nous ne suivrons pas les avocats de l'alphonsisme dans

toutes les raisons subsidiaires qu'il leur plaît de développer. La reconnaissance d'Isabelle par la Russie ou par le Pape, les renonciations arrachées à Montemolin et à son frère, la soumission de Don Sébastien, ne prouvent pas plus le droit d'Isabelle que les *pronunciamientos* de Primo de Rivera et de Martinez Campos n'établissent celui de Don Alphonse. Dans leur zèle alphonsiste, les auteurs de la brochure vont jusqu'à invoquer contre Charles VII un article de l'Acte de 1713 qui n'existe pas dans cette loi, et aux termes duquel l'héritier du trône devrait être né et avoir été élevé en Espagne ou dans une des possessions espagnoles. Le roi Don Carlos serait fondé à invoquer contre cette disposition le cas de force majeure : c'est la faute des usurpateurs et des révolutionnaires s'il est né et s'il a été élevé à l'étranger. Mais encore une fois ce paragraphe ne figure pas dans la loi de 1713; il est par conséquent tout-à-fait inutile de s'arrêter à répondre à cet argument.

On voit par cette rapide étude ce que l'alphonsisme vaut en droit. Nous n'invoquerons pas ici ce fait, important cependant, que les conservateurs espagnols ont toujours défendu l'acte de 1713, tandis que les révolutionnaires n'ont cessé de se montrer les zélés partisans des innovations de 1789 et de 1830. C'est d'un point de vue plus impartial qu'il convient, pour le moment, d'examiner la question. Or, quiconque étudie consciencieusement les faits historiques et les documents législatifs, en ne se préoccupant que des considérations légales, des conditions juridiques, est invinciblement amené à conclure que les prétentions de Doña Isabelle et de son fils Don Alphonse ne reposent sur aucune base légale, ne sont fondées sur aucun droit.

Le roi légitime d'Espagne n'est pas le fils d'Isabelle, le

prince que des généraux, républicains hier, amédéistes il y a deux ans, révolutionnaires en tous temps, prétendent, à l'aide de coups d'Etat et de *pronunciamientos*, faire asseoir sur le trône de saint Ferdinand.

Le roi légitime d'Espagne, c'est celui que désigne la loi fondamentale et jamais abrogée de 1713, dont le droit est affirmé par le soulèvement des provinces du Nord et défendu par 100,000 volontaires.

Le roi légitime d'Espagne, c'est Charles VII.

J. BOURGEOIS.

APPENDICE

(EXTRAIT DE LA *Gazette du Midi*.)

Nous avons eu la curiosité de faire rechercher à Paris, dans la collection du *National* de M. Thiers et dans celle du *Journal des Débats*, alors dirigé par les frères Bertin, l'opinion qui fut exprimée par ces écrivains contre le décret de Ferdinand VII qui venait de rétablir l'hérédité féminine. Grâce à cette recherche, nous pouvons aujourd'hui remettre sous les yeux de nos lecteurs d'abord, et aussi de tous nos confrères, les graves raisons que les publicistes du libéralisme exposaient pour engager les ministres de Charles X à combattre cet acte du Bourbon espagnol, si ingrat envers le chef de sa famille et envers la France.

A cet égard, leurs vœux avaient été devancés par M. de

Polignac ; car ce ministre avait transmis à M. de Saint-Priest, ambassadeur à Madrid, les remontrances du roi et celles du duc d'Orléans. Comme chef de la branche cadette, Louis-Philippe s'était effectivement empressé d'aller porter ses doléances au ministre des affaires étrangères. Il disait, et avec raison, que si les princes espagnols de la branche aînée de Bourbon étaient primés et écartés par les femmes, ils pouvaient réclamer en France leur droit de succession et reprendre leur place avant les d'Orléans. La renonciation du duc d'Anjou (Philippe V) à tout droit pour lui et sa descendance sur l'héritage de Louis XIV avait pour cause et pour condition l'assurance de rester en possession de ses droits à la couronne d'Espagne. Des princes français, en devenant espagnols, ne pouvaient pas raisonnablement s'exposer à être dépouillés à la fois des deux côtés.

Ce fut sous l'influence de ces principes de droit public, et sous l'action hautement avouée de Louis-Philippe, que M. Thiers prit la plume contre le décret absolutiste de Ferdinand VII ; le *Journal des Débats* en fit autant, et ses articles furent écrits avec tant d'âme et d'éclat, que l'on crut y voir la main de Chateaubriand. Ce n'était que son élève et imitateur, M. de Salvandy, celui qu'on appelait l'ombre de Chateaubriand vue au clair de lune. On l'a su positivement depuis lors. Il en résulta que les deux écrivains libéraux qui se signalèrent alors à la tête des journaux défenseurs des droits héréditaires du premier Don Carlos, furent précisément deux ministres futurs de Louis-Philippe.

Pourquoi l'ancien duc d'Orléans et ses conseillers changèrent-ils ensuite d'opinion ou plutôt de conduite dans la question espagnole ? Il ne faut pas dire que ce fut à raison des institutions constitutionnelles données par la régente Marie-Chritine, car elle ne les avait pas promulguées lorsqu'en 1833, à la mort de son époux Ferdinand, elle prenait pour premier ministre M. de Zea-Bermudez, dont la devise était : Despotisme éclairé (*Despotismo ilustrado*). Plus tard, quand la question de succession fut soumise aux Cortès, convoquées sous la pression de la réaction anti-royaliste et même anti-religieuse, Don Carlos, qui avait été exilé en Portugal, ne put ni comparaître pour soutenir ses droits ni les faire régulièrement plaider.

Au surplus, les journaux libéraux de 1830, comme on le verra, n'admettaient pas même que le traité d'Utrecht pût être valablement remis en question par l'Espagne, qui en avait recueilli les bénéfices par une paix de plus d'un siècle, et, l'on pourrait ajouter, par la renaissance de sa prospérité et le doublement de sa population. Il ne lui appartenait pas de déchirer seule le traité, sans égard pour les puissances intéressées, et notamment pour la France. Chose plus remarquable encore ! la question constitutionnelle avait été d'avance écartée par ces mêmes journaux libéraux; car ils n'ignoraient pas, et ils l'avouaient franchement, que le prince en faveur duquel ils protestaient, l'infant Don Carlos, était le chef du parti alors opposé à la constitution de 1820, qui était aussi la constitution démocratique et absurde de Cadix. L'expérience et la réflexion devaient amener son fils et son petit-fils, Charles VI et Charles VII, à remonter à l'antique et véritable constitution qui fit la grandeur de l'Espagne, et qu'il s'agirait seulement de mettre en harmonie avec les temps nouveaux. C'est ce que le jeune roi a déjà proclamé, avant même d'entrer en Espagne pour y combattre : il a déclaré, par plusieurs proclamations successives, qu'il ne se bornerait pas à rétablir les *fueros* partout où ces vieilles libertés provinciales avaient été abolies, mais encore qu'il voulait s'entourer de cortès librement élues ; et l'on annonce précisément aujourd'hui qu'il convoque une assemblée de ce genre dans les provinces par lui occupées.

Ainsi la question constitutionnelle sous laquelle on avait voulu masquer la dérogation à l'hérédité bourbonnienne et au traité d'Utrecht, a cessé désormais d'exister. C'est, au contraire, Don Carlos qui est en avance sur son rival Don Alphonse, lequel (remarquons-le bien) n'a pas jusqu'ici publié un décret convoquant les cortès, tant il a peur de toucher à la question vitale de la réforme et de l'organisation du vote universel !

Cela posé, on comprendra mieux la portée des articles qui vont suivre, et qui, après quarante-cinq ans, conservent une telle opportunité qu'on les croirait écrits d'hier. On peut même dire plus : tout ce que M. Thiers et M. de Salvandy ne faisaient alors que pressentir est devenu une réalité ; les guerres civiles et les révolutions qui ont suivi l'acte despotique de Ferdinand VII ont dépassé toutes les prévisions les plus noires ; l'Espagne a été désorganisée au-delà des craintes exprimées dès les premiers mois de 1830 ; les compétitions étrangères, si ardentes déjà en 1846 à propos des mariages espagnols, et qui contribuèrent tant à la chute de Louis-Philippe, sont devenues bien autrement graves depuis que la Prusse est entrée en scène ; et que la France, privée du secours du pacte de famille, est gisante et mutilée.

Relisez donc maintenant, princes d'Orléans, et vous tous libéraux de 1830, ces lignes vraiment prophétiques qui furent écrites alors par vos journaux d'accord avec les nôtres ; et puisse cet honorable accord sur une question éminemment française et européenne se refaire bientôt! Aussi bien l'empressement avec lequel le télégraphe de Berlin a répondu à Cabrera et nous renvoya l'écho du prétendu *convenio*, fut un avertissement encore plus éloquent que les anciens articles de MM. Thiers et de Salvandy.

E. Roux.

Extrait du *National*, 17 Avril 1830.

Atteinte au pacte de famille.
Politique obligée de la France à l'égard de la France.

...... « Le pacte de famille vient d'être violé par Ferdinand VII, que le chef de la Maison de Bourbon a rétabli dans toute son autorité, et qui se sert de cette autorité absolue pour détruire la base de la succession à la couronne et pour ébranler la solidité d'une alliance qui, depuis près d'un siècle et demi, repose sur la loi salique.

« Voici quelles sont les causes qui ont amené ce pacte et quelles peuvent être les conséquences de la violation. »

(L'auteur de l'article développe ensuite cette idée, que l'Espagne est liée à la France par des intérêts territoriaux, maritimes et commerciaux.)

« Cette unité d'intérêts que la nature a établie entre les deux pays a été consacrée en 1700 par la politique, qui n'est en dernier résultat que la lente sanction de la réalité. Un vieux besoin a été satisfait alors par un traité tardif. L'introduction de la loi et de la Maison de France en Espagne compléta la grande révolution qui unissait par la politique deux pays liés par la nature; elle mit l'Espagne à l'abri de toute guerre continentale, et elle plaça sous la protection d'une amitié inviolable la frontière méridionale de la France. »

(Suivent des réflexions sur la nécessité de soutenir l'influence française en Espagne.)

« Il était donc de la plus haute importance qu'il ne s'exécutât rien en Espagne qui pût y introduire plus tard l'Angleterre, déjà postée en Portugal, et qui pût rouvrir à l'Autriche, exclue de la péninsule par le pacte de famille, une voie pour y rentrer. *Ferdinand VII, méconnaissant à la fois l'intérêt de son royaume et les droits de la Maison à laquelle il appartient*, vient d'exposer la Péninsule à un *bouleversement* en changeant la loi de succession.

« Ce prince, craignant de n'avoir qu'une fille, et *voulant écarter du trône son frère l'infant Don Carlos*, espoir des absolutistes, a modifié la loi héréditaire de sa propre autorité, et a décidé que les femmes pourraient désormais succéder à la couronne comme avant 1700. Cette destruction de la législation bourbonienne, sans consulter les intéressés, *au mépris de leurs droits, au détriment vraisemblable de l'avenir de deux pays étroitement liés depuis cent trente ans, est l'acte le plus grave dans ses conséquences, quoique le plus légèrement motivé.*

« Si une pareille mesure n'est point révoquée, si Ferdinand VII n'a qu'une fille pour lui succéder, si cette héritière du trône espagnol le porte dans une maison ennemie de la France, comme cela est arrivé à la fin du XV⁰ siècle, *nous pouvons revoir tous les rapports diplomatiques bouleversés* et le renouvellement de luttes analogues à celles qui ont existé pendant un siècle et demi entre les souverains autrichiens de l'Espagne et les rois de France. Cet exemple prouve, mieux que toutes les paroles, combien est imprévoyant, ingrat, absurde *le pouvoir absolu*. Après s'être exercé contre ses ennemis, il s'exerce contre ceux auxquels il doit son existence, et il récompense aujourd'hui les Bourbons de France de la sollicitude qu'ils ont mise à le rétablir. »

Autres articles extraits du Journal des Débats
(Lundi 12 et Mardi 13 Avril 1830).

. . . . « L'abolition de la loi salique n'intéresse pas seulement la nation espagnole ; cette révolution imprévue affecte profondément la France. C'est la dépossession du sang de Louis XIV; *c'est la destruction du pacte de famille; c'est le renversement de l'une des bases du droit public de l'Europe ;* c'est la violation de tous les engagements contractés envers la France par les Bourbons d'Espagne, en retour des sacrifices de Louis XIV et des nôtres; c'est la destruction de tous les liens au nom desquels Vendôme et et M. le dauphin guidèrent nos soldats au-delà des Pyrénées.

«Que le roi D. Fernand n'ait qu'une fille, ses frères sont déshérités, et la couronne peut passer aux mains d'une maison qui nous soit ennemie, aux mains d'un prince qui pèse déjà sur nos frontières de tout le poids d'un autre empire. Les jours de Charles-Quint peuvent renaître.

« S'il était dans l'intérêt de la France de perpétuer sur

le trône de Ferdinand et d'Isabelle la race de ses rois, il était aussi de l'intérêt de la nation espagnole d'introduire dans sa monarchie ce principe conservateur sans lequel la monarchie n'a que des biens précaires ; ce principe fécond qui écarte les haines et les compétitions des princes, ôte toute chance à la guerre civile ; ce principe fort et sage, dont l'infraction risquerait de donner bientôt à l'Etat le plus puissant, à la royauté la plus despotique, les *destins de la Pologne*.....

« Aujourd'hui, Don Fernand se sert de ce pouvoir illimité qui lui est rendu pour déposséder les neveux de Louis XIV et de Charles X ; pour livrer sa monarchie, nos frontières et l'Europe à tous les hasards *d'une succession ouverte désormais entre* TOUTES LES DYNASTIES, HORMIS LA NOTRE.

« Hormis la nôtre ! car LEQUEL DE NOS BOURBONS VOUDRAIT TREMPER DANS L'EXPROPRIATION DES PRINCES DE SON SANG ? (!!)

« Admettez que l'un des motifs de notre intervention dans les affaires d'Espagne fût la crainte des périls qu'avait pour nous le voisinage de ces agitations intestines ; et demain peut-être les *droits d'un frère outragé armeront d'un bout à l'autre de nos frontières les populations soulevées*. Enfin, le motif souverain, celui qui a fait la guerre, était la crainte que la Révolution ne brisât le diadème au front de son usufruitier légitime ; et D. Fernand fait mieux : il dépouille toute sa maison.

« Quelle raison d'Etat l'a poussé à cette résolution ? Il n'a pas de fille encore ; ce n'est donc pas la tendresse paternelle qui l'égare et l'entraîne. Est-ce la crainte de voir le trône vacant ? mais il a des frères, dont l'aîné a été le compagnon des malheurs de son enfance. Quel est donc le sentiment qui l'anime? hélas! gardons-nous de pénétrer ces tristes mystères.

« Mais, du moins, les amis de la royauté voudront-ils une fois comprendre le mal que font à cette grande cause les déportements des dernières monarchies véritablement absolues qu'il y ait dans notre Europe? Voudront-ils mesurer les excès auxquels se laissent inévitablement entraîner des princes assez malheureux pour pouvoir tout ce qu'ils veulent et dès-lors enclins à vouloir tout ce qu'ils peuvent? Ne reconnaîtra-t-on pas la misère de ces monarchies, où les lois fondamentales sont à la merci de tous les caprices, de toutes les passions, de toutes les haines d'un seul homme? de sorte que cet homme puisse toujours déchaîner sur son pays la guerre civile, la guerre étrangère, l'invasion et la ruine. Notre intervention dans les affaires de la Péninsule nous a beaucoup coûté; sachons trouver une compensation à nos sacrifices dans deux biens qui prennent plus de prix par le spectacle de ces misères: l'amour de nos tutélaires institutions et la gloire de M. le Dauphin. »

www.ingramcontent.com/pod-product-compliance
Lightning Source LLC
Chambersburg PA
CBHW060913050426
42453CB00010B/1692